INSTITUT DE FRANCE.

ACADÉMIE DES SCIENCES MORALES ET POLITIQUES.

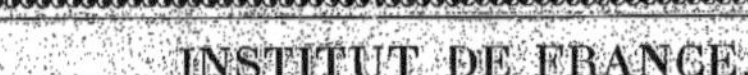

NOTICE

SUR LA VIE ET LES TRAVAUX

DE

M. CHARLES LUCAS

PAR

M. BÉRENGER

MEMBRE DE L'INSTITUT.

PARIS

TYPOGRAPHIE DE FIRMIN-DIDOT ET CIE

IMPRIMEURS DE L'INSTITUT DE FRANCE, RUE JACOB, 56

M DCCC XCII

INSTITUT DE FRANCE.

ACADÉMIE DES SCIENCES MORALES ET POLITIQUES.

NOTICE

SUR LA VIE ET LES TRAVAUX

DE

M. CHARLES LUCAS

PAR

M. BÉRENGER

MEMBRE DE L'INSTITUT.

MESSIEURS,

Si une existence vouée tout entière, sans relâche et sans partage, avec l'unité la plus complète, la foi la plus profonde et une grande supériorité d'esprit, au culte des plus hautes idées de justice et d'humanité, mérite le respect, il en est peu qui soient aussi dignes d'hommages que celle de votre éminent et regretté confrère Charles Lucas.

Le hasard d'un concours ouvert à la fois à Paris et à Genève disposa à vingt-trois ans de sa carrière et, on peut le dire sans exagération, de sa vie.

Il s'agissait de la peine de mort, ce vaste et mystérieux problème que la philosophie, la morale, la religion, la science sociale, le droit, peuvent également se disputer,

qui appartient à tous les pays à mesure que la civilisation les pénètre, que les controverses d'un siècle ne sont point encore parvenues à trancher, et qui subsiste aujourd'hui, malgré le nombre et l'éloquence des plus admirables écrits, malgré l'autorité des plus éclatants exemples, aussi vivace, aussi contesté, aussi troublant qu'à son origine.

Porté par un irrésistible penchant de son esprit et de son cœur à conclure à l'abolition, Ch. Lucas se sentit aussitôt entraîné à une étude beaucoup plus vaste que ne semblait le comporter le titre du concours. Comment en effet supprimer la pierre angulaire de l'édifice pénal, l'institution que Joseph de Maistre venait de proclamer le pivot des sociétés humaines, sans remplir le vide immense?

Étayer, cimenter les parois disjointes, ne pouvait suffire. L'équilibre général était rompu. Il fallait reconstruire et, pour commencer, réunir, classer, analyser chacun des matériaux à employer, c'est-à-dire fouiller les législations, leur demander la raison de chacune de leurs institutions, les comparer, et juger ce qui devait être éliminé, maintenu ou corrigé pour former l'édifice nouveau.

A une étude déjà si vaste devait s'ajouter l'examen approfondi du mode d'application de chacune des peines appelées à prendre place dans l'harmonie de la conception à réaliser. C'était tout un monde. — Quelle tâche! Il y avait de quoi faire reculer un savant chevronné, un jurisconsulte à barbe grise. Ses vingt-trois ans ne s'effrayèrent ni de l'ampleur de l'œuvre ni du court délai donné pour l'accomplir.

Il tenta l'épreuve. Son sujet agrandi transforma hardiment le titre, devenu trop étroit, du concours en celui-ci :

Du système pénal et du système répressif en général, de la peine de mort en particulier.

Un double succès récompensa son audace. — Il ne lui fit pas toutefois illusion. La précipitation forcée de ce premier jet de sa pensée lui avait à peine permis de tracer les lignes principales du sujet, il fallait y revenir avec plus de maturité et de développement.

Il s'y prépara par la publication, deux ans après, — il avait vingt-cinq ans, — de son ouvrage en deux volumes sur le système pénitentiaire en Europe et aux États-Unis. Ce n'était qu'une préface à l'œuvre doctrinale entrevue dès le début. Elle parut toutefois assez importante par l'abondance et la valeur des documents recueillis, la sûreté de la critique, la hardiesse et la nouveauté des aperçus, pour mériter à son auteur, de la part de l'Académie Française, une de ses plus hautes récompenses (prix Monthyon de 1828, médaille d'or), et de celle du gouvernement l'attribution des fonctions d'inspecteur général des prisons.

A partir de ce moment. il ne s'appartint plus. Trois années de constantes méditations avaient à la fois considérablement agrandi son horizon et fortifié sa confiance dans l'importance du but à poursuivre.

Il ne s'agissait plus seulement de créer un système pénal et pénitentiaire plus conforme aux règles de la logique, au respect de la dignité humaine, aux principes de la justice et de la philosophie moderne : son idéal allait bien au delà. Il fallait, par cette réforme, réaliser une œuvre morale dont la haute portée n'embrassât rien moins que l'accroissement de la sécurité sociale par la diminution de la criminalité, l'adoucissement des mœurs par la suppression des supplices inutiles, et, dans la mesure du possible, jusqu'à la régénération de l'homme déchu par le caractère éducateur imprimé au châtiment.

C'était plus qu'une conviction, c'était une foi véritable qui s'emparait de lui. Il comprit bien vite qu'une œuvre aussi vaste ne pouvait permettre aucun partage : il fallait ou l'abandonner ou lui donner sa vie tout entière.

Le sacrifice était dur. Des conseils autorisés lui faisaient entrevoir du côté du barreau, même de la politique, des horizons déjà presque assurés d'honneurs et de profit. A peine hésita-t-il. Il abandonna tout, avec l'énergique renoncement des vœux sans retour, préférant aux satisfactions de l'ambition ou de la fortune l'intime jouisssance de l'apostolat de justice et d'humanité vers lequel le portaient toutes les aspirations de sa généreuse nature.

Bientôt paraissait l'œuvre magistrale en trois volumes qui, sous le titre de : *Réforme des prisons, ou Théorie de l'emprisonnement*, mettait le sceau à sa réputation.

Elle n'était pas assurément sans se rattacher par des liens de filiation assez directs à d'autres écrits. On n'entre pas dans une question après des hommes tels que Howard, La Rochefoucault-Liancourt, Ducpétiaux, de Beaumont, de Tocqueville, de Metz, noms illustres auxquels il me sera peut-être permis d'ajouter celui dont le souvenir a été le meilleur de mes titres auprès de vous, sans emprunter beaucoup à leurs travaux.

Elle n'était pas moins tout à fait personnelle et originale; sa nouveauté et son mérite consistaient à rattacher les aspirations éparses, parfois confuses, des diverses écoles à des principes supérieurs tirés de la nature de l'homme, des

causes de sa déchéance, et de l'étude des moyens propres
à exercer sur lui par la répression une action salutaire.
Pour la première fois les idées et les questions se trouvaient définies, classées, réunies en un corps de doctrine
précis, exact, scientifiquement déterminé, et l'on voyait
apparaître au-dessus de la diversité des systèmes une loi
générale fondée sur la justice et la raison.

Le retentissement fut considérable en France. Il fut plus
grand encore à l'Étranger.

Personne ne s'y méprit. Une science nouvelle, la science
pénitentiaire, venait de prendre place dans le groupe de
celles auxquelles vous consacrez vos études.

Ce qui en rejaillit d'honneur et d'autorité sur son jeune
initiateur est facile à comprendre. Votre Académie lui ou-
vrit ses portes en dépit de ses trente-deux ans.

Les savants étrangers saluèrent sa jeune gloire. Il devenait en peu de temps le centre du mouvement d'études et
d'applications qui se poursuivait dans les deux mondes.
Rien ne s'écrivit plus désormais sans s'inspirer de ses travaux et leur rendre hommage; rien ne fut plus projeté
qui ne sollicitât son suffrage.

Ce fut pendant trente ans comme une souveraineté, je
pourrais dire comme une dictature, car il entendait tenir
seul les clefs de la science nouvelle, et ce n'était pas sans
quelque vivacité que, par ses fréquentes communications à
l'Académie sur les productions du jour, ou ses innombrables écrits, lettres, discours ou rapports, il s'étudiait à en
maintenir les principes intacts.

Il crut, pendant la dernière partie de sa vie, avoir fait
une infidélité à l'unité de ses études et sembla s'en excuser :

il se trompait. Ses protestations contre les horreurs de la guerre, ses brillantes invocations en faveur d'une réforme du droit des gens et de la substitution de l'arbitrage à la voie des armes, n'étaient qu'un développement sous une forme nouvelle des convictions sur l'inviolabilité de la vie humaine et l'illégitimité des supplices ou des sacrifices d'existences inutiles qui dès ses premiers pas lui avaient mis la plume à la main.

Telle fut son œuvre si simple et si puissante dans son unité.

Ceux qui, étrangers aux études pénitentiaires, n'ont connu Charles Lucas qu'au milieu des afflictions de la dernière partie de sa vie s'étonneront peut-être de l'appréciation qui précède et de la place que je viens de lui assigner dans le mouvement scientifique de son époque. — Quoi! ce vieillard courbé sous le poids de l'âge et des infirmités, que depuis tant d'années on voyait, triste et silencieux, gagner péniblement son siège avec le secours d'un bras étranger, a été le créateur et l'arbitre d'une science, une des grandes activités intellectuelles, des vives lumières de son temps, un réformateur hardi, presque un audacieux?

Oui, il a été tout cela en son temps. C'est ce que va rappeler l'analyse plus détaillée de sa vie et de ses œuvres et aussi des nombreuses réformes pratiques tirées de ses écrits.

Si la succession si rapide des événements et les nouveaux progrès de la science pénitentiaire ont pu le faire oublier à quelques-uns, c'est une bonne fortune pour celui que vos suffrages ont appelé à s'asseoir à sa place, d'avoir à en réveiller le souvenir. Il se félicite de trouver dans l'accomplissement de ce devoir une occasion, tout en rendant hommage aux plus incontestables mérites, de payer sa dette personnelle de reconnaissance à l'homme éminent dont les œuvres ont été, après les enseignements paternels, ses guides les plus sûrs.

Rien dans l'éducation de Ch. Lucas ou dans les traditions de sa famille ne semblait l'appeler à ses précoces destinées. — Né le 9 mai 1808 dans la campagne bretonne, aux environs de Saint-Brieuc, d'une famille très honorable mais peu connue, il ne paraissait pas d'abord destiné à recevoir une instruction supérieure à celle que pouvaient offrir les moyens d'éducation locaux. Son père avait peu d'ambition pour lui. Préoccupé avant tout de la délicatesse de sa santé attestée par une constitution assez frêle, il voulut d'abord le laisser aux champs, sans contrainte et sans maître, pendant tout le temps nécessaire à son développement physique. A neuf ans il ne connaissait pas ses lettres, à la grande confusion de sa mère. Mais son jeune esprit n'était pas resté pour cela sans aliments. La solitude, l'exercice et le grand air lui avaient été plus salutaires que l'atmosphère de l'école. Ils lui avaient appris à observer et à réfléchir, et dès ce moment, son père, frappé de cette disposition naturelle, l'appelait son petit philosophe. Mis au collège de Saint-Brieuc, quelques semaines lui suffirent pour regagner le temps perdu, et bientôt il se plaça à la tête de ses jeunes condisciples.

Il est rare que les vocations profondes n'aient pas leurs racines dans quelques impressions de la jeunesse.

Ch. Lucas rattachait volontiers celle qui allait s'emparer de sa vie à deux souvenirs de cette époque.

Il lui avait été donné d'assister, à quatorze ans, à un spectacle bien propre à laisser dans son esprit la plus forte empreinte. — Le même jour avaient lieu à Saint-Brieuc, à l'heure du marché, sur deux points différents de la ville, l'exposition publique, suivie, suivant la loi du temps, de la marque au fer rouge, d'un condamné aux travaux forcés et l'exécution d'un condamné à mort. C'était l'épilogue d'un drame qui avait profondément troublé le département. L'émotion était partout. La campagne, accourue en foule, affluait dans les rues. — Derrière les murs du collège, les jeunes imaginations étaient en feu. Une conspiration s'organisa parmi les plus hardis. La vigilance des maîtres mise en défaut, ils s'échappent et vont partager les émotions de la foule. Mais il eût fallu laisser au collège la sensibilité de leur âge. Les horreurs offertes à leurs yeux déconcertèrent singulièrement leurs impressions. La pâleur et les cris des suppliciés, la férocité de la foule, la vue de la chair fumante sous le fer rouge, du sang couvrant l'échafaud, changèrent en un instant en pitié pour les victimes les sentiments d'horreur pour leurs crimes qui les avaient portés à être témoins de leur expiation.

Les fuyards rentrèrent tristes et décontenancés au collège. Le principal, justement irrité, les attendait prêt à sévir. Mais lorsque l'un d'eux, et ce fut Lucas, lui eut dépeint, bien plus pour décharger son cœur que pour solliciter un pardon, le profond dégoût que tous rapportaient du spectacle barbare auquel ils venaient d'assister, il les sentit suffisamment punis et se borna à de sévères reproches.

Une autre fois ce fut la vue d'une chaîne de galérien se rendant à travers la ville au bagne de Brest. On sait ce qu'offrait de révoltant ce triste spectacle : l'auteur des *Misérables* ne l'a point exagéré. — Les condamnés, enchaînés deux par deux sur des charrettes, parfois à pied, s'avançaient en longues files, les uns accablés sous le poids de leurs chaînes, le plus grand nombre bravant par son insolence la curiosité de la foule et répondant à ses mépris par les blasphèmes et les propos obscènes.

L'impression fut si forte chez le jeune écolier qu'il en fut un moment détourné de ses études. Son père s'alarmait et découvrait, tout surpris, sur son cahier de classe, à la place du devoir inachevé, une protestation indignée suivie d'un véritable mémoire pour la suppression de la chaîne.

Une maturité d'esprit si précoce ne pouvait longtemps se contenter des succès d'un petit collège de province. — Ch. Lucas aspirait avec ardeur à compléter ses études à Paris. Obtenir ce sacrifice de ses parents, qui jamais n'avaient dépassé les limites de leur province, était difficile.

Un livre charmant nous a récemment dépeint ce qu'offrait alors de difficultés et ce que pouvait causer de tribulations un voyage de Lorient à Paris. L'embarras n'était pas moindre quand on partait de Saint-Brieuc. La diligence de Brest passait à la vérité presque chaque jour; mais elle ne marchait pas la nuit ; il fallait coucher trois fois en route, à Rennes, à Alençon et à Nonancourt. Le voyage durait donc quatre jours. Que de sources de préoccupations quand il s'agissait de livrer un enfant seul aux hasards d'un si long trajet!

De plus, le courrier n'apportait les lettres de Paris que

2

trois fois par semaine, et il ne marchait pas beaucoup plus vite. Il fallait au moins huit jours pour l'échange de deux lettres. Quelle aggravation aux tristesses de la séparation!

Enfin c'étaient les dangers de la grande ville grossis par la distance et toutes les anxiétés de la sollicitude paternelle.

Combien de familles se résigneraient aujourd'hui à l'éloignement d'un fils dans de semblables conditions ?

Il fallut l'intervention d'un magistrat de la Cour de cassation ami de la famille, que l'époque des vacances avait amené à Saint-Brieuc et que l'intelligence du jeune Lucas avait vivement frappé, pour vaincre les hésitations paternelles.

Le voyage fut donc décidé, et le jeune Breton, dûment recommandé au conducteur de la diligence, fut, à la rentrée, expédié sur la grande ville. L'institution dans laquelle il fut placé conduisait ses élèves au collège Bourbon ; il en devint bientôt l'honneur, au point que le directeur, voulant se faire une réclame de ses succès (cette tactique était déjà connue des chefs d'institution), prolongea, un peu contre son gré, ses études au delà de ce qui était nécessaire. Une liberté un peu plus grande lui était d'ailleurs laissée. Loin d'en user pour satisfaire au goût du plaisir si naturel à son âge, il en consacrait tous les instants à suivre les cours de la Sorbonne ou du Collège de France.

Un incident assez particulier vint réveiller de nouveau vers cette époque la disposition qui semblait pousser son esprit vers les problèmes de la science pénale. Les élèves des classes d'humanités avaient institué entre eux une conférence littéraire. La mort tragique du duc de Berri suggéra à Lucas l'idée de proposer pour sujet d'un prochain débat l'assassinat politique.

Il aimait à raconter que, appelé à prendre le premier la parole, tout en exprimant la plus grande horreur pour l'assassinat politique, il avait émis des doutes sur la légitimité de sa repression par la peine de mort. Puis, saisissant l'occasion que lui offrait le lieu de la réunion, — on était dans la maison même où le menuisier Duplay avait long-temps abrité Robespierre, — il avait flétri avec l'emportement de ses dix-sept ans l'apostasie du funeste tribun, qui, partisan à ses débuts de l'abolition du châtiment suprême, était devenu le pourvoyeur le plus ardent de la guillotine.

Le mouvement de renaissance intellectuelle et politique provoqué depuis quelques années par le réveil de la liberté ne pouvait manquer de passionner un esprit à la fois aussi sérieux et aussi ouvert aux idées généreuses.

Guizot, Lacretelle, Villemain professaient à la Sorbonne, Daunou et Andrieux au Collège de France, J.-B. Say au Conservatoire et Jouffroy réunissait autour de lui, pour un enseignement spécial, quelques privilégiés de son cours de philosophie.

En même temps la tribune, avec Chateaubriand, Royer-Collard, Guizot, de Martignac, de Villèle, de Broglie, brillait du plus vif éclat.

Lucas était partout, aspirant ardemment cette atmosphère de lumière, de liberté et d'éloquence. En même temps il s'essayait à quelques productions personnelles.

Avant d'avoir son diplôme de licence, il avait déjà publié plusieurs mémoires politiques sur des questions du jour (1) et un assez gros livre sur l'histoire physique, civile et morale de Paris.

En même temps, d'utiles relations lui procuraient au barreau quelques causes qui appelaient sur son jeune talent, fait de chaleur et de verve, l'attention de la presse.

Mais là n'était pas sa voie. Il fallut, je l'ai dit plus haut, le double concours ouvert sur la peine de mort pour la lui révéler. Le moment était favorable : l'esprit prenait avec éclat sa revanche du long silence que lui avaient tour à tour imposé le bruit des armes, les défiances du pouvoir absolu et les malheurs publics.

En morale aussi bien que dans les lettres, dans les arts et dans la politique, la faveur était aux grandes thèses.

Celle de l'abolition de la peine de mort était presque neuve. Le génie de Beccaria avait jeté un doute plutôt qu'une solution dans le débat. — Bentham n'avait traité la question que sous un de ses aspects, conforme à sa doctrine philosophique, l'utilité, et ce n'était qu'au point de vue politique que Guizot l'avait abordée.

Elle semblait à la vérité avoir pénétré dans le domaine des faits, par la répugnance montrée par quelques souverains à la laisser appliquer. Il n'y avait, disait-on, pas eu d'exécutions capitales sous les règnes des impératrices de Russie Élisabeth et Catherine. L'Autriche les avait également suspendues pendant un temps. Le grand-duc de Toscane Léopold Ier avait fait plus : il avait solennellement

---

(1) Les prochaines élections seront-elles constitutionnelles ? Dernier avis aux électeurs par un ami du régime constitutionnel. — Défense des intérêts des hospices.

proclamé en 1786 l'abolition de la peine de mort, aux applaudissements des philosophes. Mais tout cela n'avait eu qu'une durée éphémère : la Russie et l'Autriche n'avaient pas tardé à revoir l'échafaud ; le grand-duc de Toscane devenu Empereur d'Allemagne n'avait pas transporté la réforme dans ses nouveaux États, et son successeur en Toscane avait rétabli partiellement la peine capitale.

En France, de courageuses protestations s'étaient parfois fait entendre jusque pendant la période révolutionnaire. La Convention avait même voté l'abolition en principe, sans toutefois suspendre un jour ses sanglantes exécutions, pour après la paix. Depuis la Restauration, quelques voix s'étaient également élevées ; mais, sauf pour les exécutions politiques, l'opinion était restée indifférente et plutôt hostile.

La simultanéité des deux concours ouverts à la fois en Suisse et en France ne pouvait même pas être interprétée comme l'indice d'un mouvement d'opinion favorable.

M. le comte de Sellon, qui en prenait l'initiative à Genève, était un abolitionniste fervent, et le prix qu'il instituait devait être attribué au meilleur mémoire en faveur de l'abolition ; mais les juges du concours étaient pris dans le Grand-Conseil, qui deux fois s'était montré hostile à ses propositions.

En France, le concours, né de l'émotion causée par le vote récent de la loi sur le sacrilège, était bien plus, de la part de la Société de la Morale chrétienne, qui sous l'inspiration de MM. de Broglie, Guizot et Renouard en prenait l'initiative, une protestation contre l'introduction de la

peine de mort dans les pénalités de cette loi que contre la
peine elle-même.

Cette situation semblait devoir conseiller quelque prudence. Les convictions de la jeunesse sont rarement acces-
sibles à ce genre de conseil. Ch. Lucas se jeta dans l'arène
avec toute la fougue de son âge et de son tempérament, et
conclut sans hésitation à la suppression absolue de l'échafaud en toute matière.

J'ai dit que le jeune écrivain avait senti la nécessité
d'agrandir le sujet du concours. Dans le vaste cadre dont
elle se trouvait entourée, la peine de mort n'était plus
envisagée seulement en elle-même : elle était étudiée dans
ses rapports avec la nature et la destinée de l'homme, avec
les bases du droit social et la limite des châtiments
légitimes.

La thèse philosophique y dépassait de beaucoup l'argu-
mentation juridique et pénale. Ouvrant une voie nouvelle,
elle rejetait au second plan les raisons d'inutilité de la
peine qui jusque-là avaient fait le fond de la discussion, et
prétendait avant tout démontrer son illégitimité.

C'était une étude pleine de force, d'originalité et de
vigueur, qui après tant d'œuvres de même nature frappe
encore aujourd'hui.

L'inviolabilité de la vie humaine y trouvait sa démons-
tration, non dans la divinité de son origine, raison insuffisante, car la vie de l'animal est aussi un don de Dieu et
on ne pourrait sans absurdité la déclarer inviolable, mais
dans le caractère de personnalité que l'intelligence, l'activité et par-dessus tout la liberté lui communiquaient dans
l'homme.

L'homme ne devait pas moins la respecter dans autrui qu'en lui-même et la société, n'étant autre chose « que le force de tous au service du droit de chacun », ne pouvait avoir plus de droit que lui. La limite naturelle de son pouvoir était dans la garantie du droit qu'elle était appelée à protéger.

Que parlait-on de légitime défense? Si l'homme a le droit de défendre sa vie contre la force, même au prix de celle de son agresseur, conserve-t-il celui de l'immoler après l'avoir désarmé et réduit à l'impuissance? « Quel est donc ce péril que la société invoque quand le mien a cessé ?... Elle attend que le droit de légitime défense n'existe plus pour l'exercer. » Ce n'est point en sacrifiant inutilement la vie qu'elle peut, par la plus étrange contradiction, remplir son devoir de la protéger.

On ne peut invoquer davantage un prétendu droit abstrait de punir dont la source se trouverait dans le devoir d'imposer le bien et de donner des sanctions à la loi morale. Réprimer pour protéger et prévenir est tout ce que comporte le devoir social.

Les moyens d'action légitimes étaient d'un autre ordre : ils devaient uniquement consister dans ce que l'auteur appelait la *justice de prévoyance* d'abord, puis la *justice de répression*.

La justice de prévoyance avait pour rôle de prévenir le crime en écartant les causes qui y provoquent, l'ignorance, les inégalités sociales, les entraves à la liberté, la misère enfin, « la plus grande et la plus irrésistible des occasions de nuire ».

Quant à la justice de répression, elle devait cherche

son efficacité dans une organisation toute nouvelle du système pénal. La plupart des législations croyaient à tort trouver le maximum d'intimidation dans la rigueur de la peine. Il se rencontrait à un bien plus haut degré dans la certitude et la promptitude du châtiment. L'homme en qui la passion n'étouffe pas le calcul est habile à mesurer les chances d'impunité ; il ne s'effraye pas du châtiment qu'il juge pouvoir éviter. Or c'est le propre des peines d'une rigueur excessive que l'exécution en est rarement obtenue. Pour la peine de mort, les statistiques étaient particulièrement instructives. Sur cent accusations capitales, il n'en était peut-être pas dix qui conduisissent le coupable jusqu'à l'échafaud. Tout concourait à l'y faire échapper. L'horrible perspective d'encourir la responsabilité de faire tomber la tête d'un homme, retenait la plainte, affaiblissait les témoignages, désarmait le juge et faisait reculer jusqu'au pouvoir chargé de l'exécution. Le supplice n'était plus exécuté que pour relever de temps en temps le crédit de la menace; mais la menace devenait vaine par la rareté de ses effets.

Et la dissertation se terminait par ce bel axiome : « La certitude de la répression est en raison inverse de la rigueur de la menace. » Or « la diminution de la criminalité est en raison directe de la certitude de la répression ».

Venaient ensuite dans une seconde partie les raisons tirées de l'inutilité et de l'immoralité de l'échafaud. Leur abondance ne me permet pas d'en tenter l'analyse.

Sans négliger les arguments déjà bien connus de l'horreur des exécutions, du triste appât donné aux mauvais instincts de la foule, de la diversité de ses impressions si souvent détournées de tout effet d'intimidation, pour se convertir en sentiment de pitié, presque de faveur pour le condamné, par le moindre incident, son attitude repentante ou courageuse, son âge, son sexe, son physique même, ou les circonstances parfois pathétiques de l'exécution, il s'attachait surtout à montrer combien il y avait d'illusion à considérer la peur de la mort comme un rempart suffisant contre le crime.

C'était méconnaître la nature humaine que d'attacher à un sentiment bas et vil en lui-même autant de vertus. Loin d'être un effort contraire à notre nature, le mépris de la mort semble en être un des caractères les plus ordinaires et les plus communs. Sans parler de l'enthousiasme, de l'ardeur des convictions, de l'amour de la gloire, il suffit du sentiment le plus banal, de l'intérêt le plus médiocre, pour l'éveiller. Le plus humble ouvrier brave à toute heure la mort pour la plus maigre augmentation de salaire, pour l'appât d'une récompense, pour le seul désir de montrer son adresse ou son courage.

Mais c'est surtout pour l'homme que domine la passion qu'elle n'a plus d'effroi. « Il est des moments, dit Bentham, où l'homme sacrifierait l'univers à une sensation. » La jalousie, la vengeance, se soucient peu d'échapper à la mort : c'est à la donner, dussent-elles la subir à leur tour, qu'elles trouvent leur joie. Ne voit-on pas souvent l'assassin se frapper lui-même « à la vue de sa victime expirante » et « mourir avec l'affreux contentement de la passion assouvie » ?

Les échafauds et les lois de sang « n'ont qu'une sorte d'efficacité : c'est qu'ils tuent, et que les morts ne reviennent plus... Mais s'ils tuent ceux qui ont tué, ils n'empêchent personne de l'être. »

Enfin, le mémoire, ou plutôt le livre, car c'en était un par l'importance des développements aussi bien que par l'ampleur des idées, se terminait par un plan de réforme pénale. Il comprenait non seulement une nouvelle échelle des peines rendue nécessaire par la suppression de la peine de mort, mais une classification nouvelle des offenses et aussi tout un système de discipline pénitentiaire combiné en vue de faire concourir l'exécution de la peine à l'amélioration morale du condamné. Je m'y arrêterai peu, une partie de ces conceptions trop hâtivement élaborée n'ayant pas été ratifiée plus tard par leur auteur.

Mais il faut y relever comme nouvelles celle du remplacement de la peine de mort par le *solitary confinment*, degré suprême de l'emprisonnement solitaire dans le système américain, de l'abolition de l'emprisonnement perpétuel, proscrit à l'égal de la peine de mort comme un véritable esclavage, et surtout le système de rémunération très étudié destiné à provoquer l'effort soutenu du condamné vers le bien par l'appât d'avancer le terme de la peine; système qui a été, si je ne me trompe, le premier germe de l'institution de la libération conditionnelle, adoptée aujourd'hui par la plupart des législations et considérée à juste titre comme une des améliorations les plus utiles de notre temps.

L'isolement absolu et la déportation, vers lesquels le système pensylvanien ou la tradition anglaise entraînaient la plupart des esprits, étaient condamnés comme base principale d'une répression logique, et seulement accepté comme moyen de discipline ou d'amendement.

Quelle abondante semence d'idées dans cette œuvre de jeunesse !

L'élévation constante de la pensée, la richesse des aperçus, l'étendue du savoir, la forme essentiellement scientifique dés démonstrations, tout semblait indiquer un esprit mûri par la réflexion et l'expérience. L'étonnement fut extrême lorsque la révélation du nom de l'auteur fit apparaître un jeune homme de vingt-quatre ans, à peine sorti des bancs de l'école.

Le succès s'en accrut. La presse étrangère ne fut pas moins prodigue d'éloges que les journaux français. Le livre fut traduit dans plusieurs langues, et les amis de l'humanité ouvrirent avec empressement leurs rangs à la nouvelle recrue qui venait de conquérir avec éclat sa place parmi eux.

Le jeune lauréat n'en fut pas ébloui. Limité par la spécialité du sujet, il n'avait pu dans cette première œuvre, forcément précipitée, embrasser suffisamment le vaste ensemble d'idées que l'étude avait fait germer dans son esprit. La partie pénale et la partie pénitentiaire lui semblaient surtout incomplètement traitées. Il fallait y revenir avec une plus grande maturité de réflexions et de recherches.

A peine couronné, il reprenait la plume. C'était au système pénitentiaire qu'il fallait s'attacher d'abord. Là était la clef de voûte, puisque le grand but de la réforme était de faire concourir la répression à l'amélioration du condamné. Mais avant d'aborder ce sujet il fallait se mettre plus intimement en possession des connaissances nécessaires. Sincère avant tout, en cherchant à communiquer sa science, il avait appris à en douter. Avant de conclure, il fallait tout vérifier et tout voir.

Les récents ouvrages de MM. de Beaumont et de Toc-queville, puis de M. de Metz, sur les types célèbres d'Au-burn et de Philadelphie pouvaient le dispenser de passer les mers, mais il fallait visiter tout ce qui, en Europe, présentait quelque intérêt.

De cette enquête naquit dès l'année suivante son livre sur le système pénitentiaire en Europe et aux États-Unis. J'ai dit déjà la haute récompense dont il fut honoré par l'Académie Française. Les Chambres ne lui firent pas un accueil moins flatteur.

Le droit de pétition était alors fort en honneur. Tout convergeait vers la tribune relevée. L'auteur avait eu l'idée de transformer l'introduction de son livre en une pétition aux deux Chambres sur la nécessité d'une réforme de nos prisons. Après une discussion importante, le livre fut recom-mandé avec force éloges à l'attention du gouvernement.

Nul document n'était plus propre en effet à éclairer les plans de réforme dont les vices de notre régime péniten-tiaire faisaient vivement sentir la nécessité.

Au compte rendu exact des doctrines et des systèmes se joignaient une sérieuse critique des idées et une étude très attentive des principes sur lesquels devait reposer une réforme rationnelle.

L'auteur ne faisait d'ailleurs encore que les pressentir, réservant à un autre ouvrage déjà en préparation, d'en pré-ciser les règles.

Cette nouvelle direction de ses travaux ne lui faisait pas perdre de vue le premier objet de ses études, dont elle n'était d'ailleurs qu'un développement naturel.

La Révolution de Juillet venait d'éclater. Il jugea opportun de jeter dans le courant d'idées généreuses qui jaillissait du nouvel essor de la liberté celle de l'abolition de l'échafaud. C'était d'ailleurs répondre aux inquiétudes des esprits éclairés, vivement émus des passions déchaînées contre les ministres de Charles X, et gagner par un coup hardi à la cause de la réforme tous ceux qu'effrayaient les cris de mort de la foule.

Ce fut encore par une pétition à la Chambre, à laquelle l'adhésion des membres les plus éminents du barreau, ne devait pas donner moins de retentissement que l'imminence du procès devant la Cour des Pairs, qu'il réalisa son projet.

En même temps il se mettait à la tête d'une députation envoyée par sa ville natale au Roi et terminait l'expression des sentiments d'adhésion dont il avait été chargé de se faire l'organe par ces paroles inattendues : « Sire, permettez-moi d'exprimer un vœu personnel : celui de voir votre règne accomplir une des grandes réformes de la civilisation moderne, l'abolition de la peine de mort. »

On se figure aisément la surprise et l'émoi des délégués. Plus d'un se prenait à regretter l'imprudence d'avoir choisi le plus jeune d'entre eux comme orateur. Mais sa témérité n'était pas faite pour déplaire au Roi. On sait aujourd'hui que, chargé d'apporter à Paris les rapports sur la bataille de Valmy, Louis-Philippe s'y était trouvé peu de temps après les massacres de Septembre. Son horreur n'avait pu se contenir. Un soir dans un salon, devant Danton lui-même, il en avait exprimé son indignation. Dès ce moment, il l'a dit plus tard, il s'était promis, si quelque pouvoir arrivait un jour entre ses mains, d'abolir une peine dont la sanglante parodie avait permis de pareils crimes.

Il saisit l'occasion qui lui était offerte de rendre ses sentiments publics. « Votre vœu est le mien, dit-il : j'y suis porté par une conviction qui est celle de ma vie entière, et je ferai tous mes efforts pour qu'il puisse s'accomplir. »

Quelques jours après, M. de Tracy déposait à la Chambre, avec l'appui de La Fayette, la célèbre proposition sur l'abolition de la peine de mort qui devint le point de départ de la grande réforme pénale de 1832.

L'hommage rendu devant la Chambre pendant la discussion des deux pétitions à leur auteur, qui, suivant l'expression d'un des rapporteurs, venait, bien jeune encore, de se placer au premier rang de nos écrivains ; la notoriété croissante de ses travaux et de son nom, ne pouvaient manquer de le signaler à l'attention du nouveau gouvernement, avide d'attacher les jeunes talents à sa fortune. L'adresse au Roi signalait la réforme pénitentiaire comme un des objets les plus urgents dont le gouvernement dût s'occuper. Nul ne pouvait mieux la préparer que celui qui, plus qu'aucun autre, avait contribué à éveiller l'opinion sur ce point. C'était le vœu manifeste des Chambres. M. Guizot nomma Ch. Lucas inspecteur général des prisons avec mission de rechercher les moyens de réaliser en France la réforme morale des prisonniers et des prisons.

Ce fut un moment décisif dans sa vie.

A un âge où la fortune n'a le plus souvent que des dédains, elle semblait vouloir s'offrir à lui. Mais de quel côté répondre à ses appels ? J'ai dit que le barreau, assidûment suivi malgré la sujétion de ses autres travaux, n'était pas

sans lui ouvrir de séduisantes perspectives. Diverses causes
dont l'objet se rattachait au mouvement libéral de l'époque
avaient déjà attiré l'attention sur lui : celle notamment des
libraires protestant contre les pénalités imposées arbitrairement, par simple ordonnance royale, à leur profession;
celle encore de l'Association bretonne, formée pour orga-
niser le refus des impôts illégalemeut frappés, ou de l'affaire dite de l'Évangile, qui mettait la liberté de conscience
en question.

Ses plaidoiries avaient eu les honneurs de l'impression.
Ces succès étaient d'un bon augure, à un moment où les
emprunts de la politique laissaient tant de places vides au
barreau. Ils pouvaient même lui ouvrir des horizons politiques.

Moins brillante assurément serait la carrière de l'inspec-
torat des prisons, dont l'acceptation allait lui fermer toute
autre voie : il la préféra cependant, tant était forte en lui la
conviction d'une mission supérieure à remplir.

Il s'enferma dès lors dans sa vocation avec une fermeté
singulière, murant en quelque sorte sa vie à toutes les sol-
licitations du dehors. De cette concentration sur lui-même
sortirent en peu d'années son beau livre sur la Théorie de
l'emprisonnement et l'ensemble des réformes pratiques
dues à son initiative dans l'état et le régime de nos lieux
de répression.

On sait déjà l'esprit général du livre. Il se résumait
dans cette phrase de l'introduction : « Il est temps pour la
justice humaine qu'elle se lave devant Dieu et devant les
hommes du terrible reproche d'accroître plutôt que de di-
minuer la souillure du crime. »

J'ai qualifié de *science* l'ensemble de doctrine contenu dans ce grand ouvrage. Il n'en est pas en effet qui soit plus digne de ce nom par la certitude des principes, l'élévation du but et l'importance de l'intérêt social.

À toutes les époques, il s'est trouvé des esprits superficiels pour attribuer la préoccupation de réformer le régime des prisons à l'unique souci d'améliorer le sort des condamnés, et tourner en ridicule l'étrange zèle qui réservait sa pitié pour les malfaiteurs au détriment des victimes. Ces reproches trahissent ou une complète ignorance ou une singulière injustice.

Les premières idées de réforme sont nées à la vérité, à la fin du siècle dernier, d'un cri d'humanité, mais la Restauration, on doit le dire à son honneur, a laissé peu de choses à faire sous ce rapport, et ce côté de la question était déjà à peu près épuisé lorsque parut la Théorie de l'emprisonnement.

L'esprit de prévoyance avait promptement succédé à l'esprit de charité. Comment en effet ne pas être saisi de l'immense danger que faisait courir à la société, l'état des prisons où grouillait dans la plus lamentable promiscuité, sans discipline, sans travail, sans distinction d'âge, de moralité, parfois même de sexe, dans une atmosphère d'obscénité, d'excitations et de révoltes sans cesse entretenues par l'inévitable domination des natures perverses, tout ce que le hasard de la répression y confondait.

L'enseignement sans relâche du mal régnait dans les lieux mêmes créés pour le combattre. La société entretenait à grands frais pour sa protection de véritables écoles de perversité où se formaient, s'organisaient et souvent même s'affiliaient les malfaiteurs prêts à fondre de nouveau sur elle.

Détruire ces foyers d'infection, les transformer s'il est possible en écoles de réformes, empêcher en un mot la répression d'être, suivant une expression moderne, l'élément de culture le plus actif du crime, tel était dès lors, tel est encore aujourd'hui le but unique et malheureusement fort loin d'être encore atteint, par l'unique faute de l'insouciance publique, de la réforme pénitentiaire.

C'est à cette œuvre éminemment morale, à cette œuvre sociale par-dessus tout, qu'était consacré le nouveau livre de Ch. Lucas. Beaucoup y avaient [travaillé avant lui, personne n'en avait encore scientifiquement déterminé les principes et fixé les règles.

Grâce à lui, la réforme sortait de la période des tâtonnements. Elle pouvait désormais marcher d'un pas sûr.

Après avoir éloquemment dépeint les dangers de la situation présente, l'insuffisance des règles restées d'ailleurs sans application de nos codes, il établissait doctrinalement les distinctions à faire entre les divers degrés de l'emprisonnement et le caractère à attribuer à chacun d'eux.

A l'état préventif, il ne devait avoir qu'un but : s'assurer de la personne du détenu, en respectant en lui la présomption d'innocence qui le couvre. La détention, étant alors une simple mesure de sécurité, devait être dégagée de tout caractère pénal. Elle devait en outre préserver de tout contact humiliant. Il ne fallait pas, suivant l'expression énergique et vraie d'un magistrat, que l'homme jeté par quelque erreur de police en prison fût exposé à sa sortie à être reconnu et tutoyé par le drôle qu'il y avait rencontré.

L'isolement absolu dans un lieu de détention spécial, sans

costume pénal, avec travail facultatif, devait être la règle :

L'emprisonnement pénal devait être envisagé sous deux aspects.

S'il était de trop courte durée pour permettre d'exercer une action morale sur le condamné, il pouvait se borner à être *répressif*. Son caractère distinctif devait être alors de présenter le maximum d'intimidation compatible avec le degré de la peine et d'empêcher la dépravation mutuelle des détenus. Là encore l'emprisonnement individuel mais avec travail obligatoire, tempéré par la faculté de certaines communications, à titre de récompense, avec des co-détenus suffisamment choisis, présentait, à raison de sa rigueur extrême et de la suppression des contacts dangereux, de sérieux avantages.

Quant à la longue détention, le système *pénitentiaire* pouvait seul y convenir. Mais l'auteur était loin d'entendre par là le régime qui avait pris ce nom, fort inexactement suivant lui, en Pensylvanie, celui de la cellule absolue. Il le condamnait au contraire avec une extrême sévérité, à la fois comme contraire à la nature humaine et comme incapable de produire un amendement efficace.

Il lui reprochait d'opérer par la force matérielle et non morale, d'imposer l'impuissance du mal bien plus que la volonté du bien, et de livrer l'homme après la peine au réveil des mauvais instincts un moment comprimés, non corrigés. C'était le mutiler que de lui imposer une existence aussi factice.

Puisque l'homme était destiné à vivre en société, c'était au milieu de ses semblables qu'il fallait le former aux habitudes du bien.

Le système d'Auburn, séparation la nuit, travail en commun le jour avec obligation du silence, déjà si profondément amélioré depuis 1833 à Genève, devait avec de nouveaux perfectionnements satisfaire à cette tâche.

Une bonne méthode de classification en serait l'un des principaux éléments. L'enfant devrait être absolument séparé de l'adulte ; on s'étonne qu'il fût encore nécessaire de le prescrire. Il fallait même aller plus loin, et le déclarer, jusqu'à un âge à fixer, légalement inconscient. Au delà de cet âge il fallait lui consacrer des maisons spéciales.

Pour l'adulte, il fallait au classement par nature de peines prescrit par le code pénal, qui en réalité confond les éléments les plus divers, substituer celui par moralités.

La cellule n'intervenait qu'accessoirement, soit comme moyen de punition, soit pour provoquer de temps à autre ce que l'auteur appelait *l'entretien mental*.

Une large place était faite à la rémunération par les quartiers d'épreuve, ceux de récompense et la faculté des promenades avec dispense du silence.

L'organisation du travail, de l'instruction et du culte complétait le système. Le travail devait cesser d'être fiscal, c'est-à-dire uniquement destiné à rémunérer l'État de ses charges. On ne devait jamais lui donner un caractère infamant, comme dans la peine des travaux forcés. Il devait au contraire être tenu assez en honneur pour que sa privation devînt une punition.

Quant au culte, l'État devait être déiste et régler sa conduite « sur la conviction que l'athéisme est une des sources les plus fréquentes de la criminalité ». En conséquence, les exercices religieux devaient être obligatoires pour tous, mais chacun suivant son culte. Seulement, par un libéralisme dont la nouveauté pouvait paraître hardie, aucune pratique ne devait être imposée.

Ainsi devait s'établir l'empire des habitudes morales, plus propre que la crainte à produire l'amendement.

Les derniers volumes, moins importants mais non moins instructifs développaient les principes posés par de savantes dissertations sur les causes de la criminalité, sur les moyens de la combattre par la triple éducation des besoins ou des habitudes physiques, des passions ou des habitudes morales et religieuses, et des dispositions individuelles.

Puis venait l'examen méthodique des règles de construction des futurs pénitenciers, de leur régime économique, régie ou entreprise, du mode des punitions, d'où les châtiments corporels étaient sévèrement exclus, du choix du personnel, du rôle de l'inspection générale.

Une dernière partie souvent citée traitait des institutions préliminaires et des institutions complémentaires. On pressent ce qu'étaient les premières : le développement de l'instruction primaire, suivant un vaste plan d'organisation, en faisait le fond.

Quant aux institutions complémentaires, c'étaient : l'organisation des secours pour les femmes et les enfants des détenus, encore fort incomplètement réalisée de nos jours ; la réparation à accorder aux prévenus acquittés par l'assistance pécuniaire, même, en certains cas, par l'allocation d'une indemnité légale ; la reconstitution des commissions de surveillance des prisons ; la transformation de la surveillance de la police, à la fois insuffisante et tracassière, par sa remise aux mains des sociétés de patronage ; enfin les institutions de patronage, nées depuis quelques années à peine sous l'influence d'idées précédemment développées par l'auteur.

Tel était ce vaste ensemble.

Quand on le parcourt après tant d'années écoulées, on est surpris d'y trouver à peu de choses près tout ce qui depuis cinquante ans a fait l'objet de nos écrits et de nos débats. Combien lui ont emprunté sans le savoir et aussi sans le dire! combien d'idées dites nouvelles trouvent là leur acte de naissance!

Je ne reviendrai pas sur l'immense autorité que cette publication, consacrée, avant même d'être terminée, par son entrée dans votre Académie, attribua à son auteur.

J'ai sous la main un gros dossier de lettres admiratives émanées d'hommes d'État, de jurisconsultes, de corps savants, de souverains même des pays les plus divers.

En lui donnant beaucoup d'honneur, cette situation lui créait une grande responsabilité. Il ne suffisait pas d'avoir posé les principes, il fallait veiller à leur défense.

Beaucoup d'entre vous savent avec quelle vigilance il consacra plus de vingt années de sa vie à ce soin. La fréquence de ses communications à l'Académie, la multitude de ses écrits, tels que l'appendice à la *Théorie de l'emprisonnement*, l'*Exposé de l'état de la question pénitentiaire en Europe et aux États-Unis*, les *Moyens et conditions d'une réforme pénitentiaire en France*, et bien d'autres encore, en témoignent.

Ce ne fut pas toujours sans quelque souci.

Ses vives attaques contre la cellule absolue et aussi contre la transportation anglaise qu'il avait appelée sans façon le *roman de Botany-Bay*, n'avaient pas convaincu les partisans de ces deux systèmes. Ils ne contestaient pas ses principes, mais ils prétendaient en trouver l'application dans les idées qui leur étaient chères. Ils étaient nombreux, actifs, et trouvaient des défenseurs déterminés jusque dans le sein de votre Académie.

Les luttes devinrent très vives au dehors et ici même. L'auteur de la *Théorie de l'emprisonnement* put craindre assez longtemps de ne pas y avoir le dessus. Le système pensylvanien, dans toute sa rigueur l'emportait en Belgique. En France, la Chambre des députés, par une double infraction aux principes posés, adoptait un régime mixte composé à la fois d'isolement prolongé et de transportation, et il s'en fallait de peu que le vote de la Chambre des pairs n'en transformât en loi au moins la première partie. Le gouvernement de 1848 et l'Empire laissaient, à la vérité, tomber le projet. Mais peu après la transportation était substituée aux bagnes, comme mode d'exécution de la peine des travaux forcés, et en dernier lieu la relégation s'installait dans nos lois.

Mais, d'autre part, de grands succès consacraient ses idées. La Suisse s'engageait de plus en plus dans le système auburnien amélioré. L'Allemagne, l'Autriche, la Hollande, la Suède, l'Italie, n'admettaient la cellule que pour les courtes peines, et la France elle-même, après la grande enquête ordonnée, sur l'initiative de M. le vicomte d'Haussonville, par l'Assemblée nationale, adoptait, peut-être plutôt, à la vérité, par des considérations de prudence et d'économie que par des raisons de principes, le système qui limite la séparation individuelle à la prévention et aux condamnations n'excédant pas une année d'emprisonnement.

Enfin, très vivante encore est l'école qui continue à opposer au médiocre succès de la transportation et de la relégation l'axiome de la *Théorie de l'emprisonnement*, que « les sociétés doivent absorber leur criminalité, et non la déverser arbitrairement l'une sur l'autre ou la transporter sur quelque terre inhabitée ».

Les réformes administratives ne passionnaient pas moins votre éminent confrère que les débats théoriques. Là le bien pouvait se réaliser sans le concours si lent et si incertain du législateur.

Il a dit quelque part que ses fonctions d'inspecteur général des prisons, bientôt transformées en celles, créées pour lui, de président du conseil de l'inspection, avaient été pour lui un précieux laboratoire. Elles devinrent en outre entre ses mains un puissant levier.

Il me serait difficile de faire connaître toutes les réformes utiles dues à son initiative. Je citerai seulement, pour les maisons de courtes peines, la séparation, encore fort incomplète alors, des prévenus et des condamnés, et la création des voitures cellulaires pour le transport des détenus ; pour les maisons centrales, la prescription, non encore entièrement réalisée, des cellules de nuit, et, pour le bagne, la suppression de la chaîne, dont son enfance avait été si fortement impressionnée ; enfin pour les maisons de femmes, la création, longuement négociée avec le Souverain Pontife, de cet ordre admirable des Sœurs de Marie-Joseph qui a rendu de si éminents services dans nos prisons.

Mais c'est surtout en ce qui touche l'enfance que son

action a été salutaire et décisive. Sans doute les traditions de saint Vincent de Paul étaient restées très en honneur. On faisait déjà beaucoup pour l'enfance malheureuse. Mais, il faut bien le confesser, la sollicitude s'arrêtait au seuil de la prison.

Malgré les prescriptions du code de 1810, aucune maison spéciale n'existait pour les mineurs. Un essai de construction tenté en 1814 sous la direction du philanthrope par excellence M. de La Rochefoucauld-Liancourt avait été arrêté par l'événement du 20 mars.

Le projet de quartiers distincts compris dans le programme tracé par le comte Decaze à la Société royale des Prisons était resté lettre morte.

En fait, il n'y avait dans les prisons aucune séparation effective fondée sur l'âge. Le plus souvent les enfants restaient confondus avec les éléments les plus pervers. Ce désastre moral avait été vivement signalé dans la théorie de l'emprisonnement. Le premier soin du nouvel inspecteur général fut d'y pourvoir.

Dès 1831, la maison des Madelonnettes, remplacée plus tard (en 1839) par la Petite-Roquette, reçut tous les jeunes détenus du département de la Seine. Des mesures étaient en même temps prises en province pour créer des quartiers spéciaux. Mais ce n'était pas assez de lutter dans la prison contre la démoralisation de l'enfance : il fallait l'empêcher d'y revenir. Comment s'y prendre sans la recueillir, la diriger, lui apprendre un métier et la confier à des mains sûres ? Une association charitable pouvait seule prendre de tels soins.

Ch. Lucas s'assura le concours de quelques hommes

influents, le bon vouloir de la préfecture de police, alors représentée par un des esprits les plus ouverts aux idées de haute humanité, M. Delessert, et fonda la Société de patronage pour les jeunes détenus et les jeunes libérés du département de la Seine.

L'Angleterre offrait déjà plusieurs modèles de fondations de ce genre. L'Amérique et la Prusse commençaient à entrer dans la même voie. La jeune Société, si intelligemment continuée de nos jours, n'en fut pas moins considérée comme une création originale et nouvelle.

Elle obtenait en effet de l'administration, par une innovation hardie, que les enfants lui fussent remis, à titre d'épreuve, avant l'heure de leur libération. Ce fut la première application de l'institution si répandue aujourd'hui de la libération conditionnelle. Ainsi constitué, le patronage ne tarda pas à dépasser toutes les espérances. La récidive parmi cette écume des rues de Paris était à peu près sans limite : l'administration évaluait la proportion des enfants qui retombaient dans un court délai aux mains de la police à 70 p. 100. Le reste échappait à tout contrôle. Il disparaissait sans qu'on pût suivre sa trace.

Peu d'années après, le président de la Société constatait avec une satisfaction bien justifiée que le nombre des rechutes dans le même délai n'atteignait plus 10 p. 100 (Compte rendu de 1841). Quatre-vingt-dix enfants sur cent annuellement arrachés à la prison, telle était la mesure du bien qu'une sollicitude intelligente avait réalisé.

L'impulsion causée par un pareil succès fut considérable. Partout on invoquait, pour suivre l'exemple de la Société de Paris, le concours de son principal fondateur.

On vit successivement éclore sous son impulsion des institutions semblables à Lyon, Bordeaux, Rouen, Besançon, Saumur.

En même temps, deux femmes d'un grand cœur, Mmes de Lamartine et de Lagrange, s'associaient pour faire participer les filles mineures au bien réalisé pour les garçons.

Enfin, prenait naissance cette admirable création de Mettray, premier type et, dès le premier jour, type achevé de la colonie agricole, fondation éminemment française dont toute l'Europe allait en peu de temps emprunter l'idée, la règle et jusqu'au nom et qui a porté si haut la popularité de ses deux fondateurs, MM. de Metz et de Courteille (1839).

L'État ne tardait pas à former à son tour, à Fontevrault (1841) et à Clairvaux (1842), des colonies de nature analogue.

Mais ces créations, si considérables qu'elles fussent, ne pouvaient suffire à la hardiesse d'initiative de Ch. Lucas. Il y avait là un champ nouveau d'expériences dont il ne pouvait déserter l'étude. Il fallait établir scientifiquement la théorie rationnelle du régime disciplinaire et moral le plus propre à assurer à la nouvelle institution son maximum d'effet.

Son intarissable fécondité d'esprit le portait déjà d'ailleurs au delà du but réalisé. Il ne lui suffisait plus de chercher dans la colonie agricole la régénération de l'enfant par la salutaire influence de la vie en plein air, l'isolement de la corruption des villes et le travail des champs, il voulait encore qu'elle contribuât au progrès agricole. Il fallait pour cela l'employer à la conquête de terres nouvelles par le défrichement ou l'assainissement. On connaît la célèbre formule par laquelle il solidarisa ces deux idées :

« Amendement de l'enfant par la terre et de la terre par l'enfant. »

Peut-être était-ce bien compliquer l'institution que de la jeter dans des aléas où la santé même des enfants pouvait avoir à courir des risques. L'État hésitait : Ch. Lucas se détermina à en prendre seul la responsabilité.

Il acquit à cet effet près de Bourges un vaste marais récemment desséché, mais encore inculte, et y fonda la colonie du Val-d'Yèvre.

Il s'agissait, épreuve difficile pour un réformateur, de franchir le Rubicon qui sépare la théorie de la pratique.

Tout y fut réglé en vue de faire concourir chacun des rouages de l'organisation à l'éducation morale et à l'émulation du bien.

A cet effet, les surveillants devinrent en même temps contremaîtres pour les travaux agricoles, système aujourd'hui communément adopté. Les enfants eux-mêmes furent associés à la surveillance. Enfin une solidarité étroite fut établie entre enfants d'un même groupe pour la punition et la récompense ; énergique stimulant, qui intéressait chacun à la bonne conduite de tous pour l'honneur du groupe.

Au point de vue moral, la colonie se plaça bientôt parmi celles qui comptaient le moins d'évasions et le moins de récidives.

En même temps, sa prospérité, sous l'habile direction de son fondateur et plus tard sous celle de son fils aîné, dont la vive intelligence s'était de bonne heure formée aux ensei-

gnements paternels, devint telle que, lorsque le poids de
l'âge pour l'un et, pour l'autre, le désir dese consacrer au
barreau firent naître l'éventualité d'une fermeture de la
colonie, l'État crut faire et fit en effet une bonne affaire
en l'acquérant pour la transformer en colonie publique.

Tous ces travaux, toutes ces réformes, n'avaient point
épuisé la virile fécondité de Ch. Lucas. Il se préparait à
couronner son œuvre, suivant le plan entrevu dès ses
premiers écrits, par un projet de réforme de notre système
pénal où la justice sociale eût trouvé de meilleures garan-
ties de sécurité et de certitude, par une classification plus
.logique des délits et un choix plus raisonné des peines ;
vaste sujet où la vigueur de son esprit n'eût pas manqué
d'ouvrir des voies nouvelles.

La plus pénible des disgrâces nous a privés de ce com-
plément de sa pensée.

Encore dans toute la force de l'âge et du talent, vers
soixante ans, il sentit ses yeux, qu'il avait si peu ménagés,
s'obscurcir graduellement et, après de longues souffrances,
se fermer définitivement à la lumière. On m'a rapporté que,
placé dans la douloureuse alternative de s'imposer un repos
absolu ou de perdre la vue, il avait préféré s'exposer au
sacrifice du premier des biens, plutôt que d'interrompre
la mission qu'il s'était donnée. Quelle affliction ! quel bou-
leversement dans cette existence qui ne se plaisait que
dans l'étude ! Il supporta cette épreuve avec une grande
résignation.

Sa rare énergie, aidée et soutenue par la tendre sollicitude de son admirable compagne, sut bientôt se créer un
mode de vie qui lui permît de reprendre ses habitudes de

travail. Il eut la bonne fortune de s'attacher successivement deux jeunes secrétaires (1) dont le dévouement et
l'intelligente collaboration furent pour lui de la plus pré-
cieuse ressource. Ses livres, ses papiers, ses innombrables
documents furent classés méthodiquement et mis en place
dans un ordre où son étonnante mémoire savait facile-
ment les retrouver. En même temps, un soin pieux res-
pectait autour de lui les dispositions intérieures et jusqu'aux moindres objets qu'il avait connus, s'imposant de
ne rien changer de ce dont il avait pu conserver l'image,
allant jusqu'à conserver à la campagne la disposition des
parterres, la place même de chaque fleur, pour éviter de
jeter le moindre trouble dans ses souvenirs, lui conserver
intactes les sensations qu'il pouvait encore percevoir, et
lui permettre le peu de mouvement possible sans le secours
d'un bras.

C'est entouré de ces soins qu'il se remit avec courage
au travail. Les grands horizons qu'il avait rêvés n'étaient
plus possibles. Son activité en fut toutefois à peine ralentie.
Elle se porta seulement sur d'autres objets. Elle se partagea
désormais entre un retour sur l'idée de sa jeunesse qui
n'avait pas cessé d'être la passion de sa vie, le mouvement
abolitionniste de la peine de mort, et cette noble campagne contre la guerre que lui inspirèrent les douleurs de
l'invasion, profondément avivées par les angoisses dont la
présence de deux de ses fils sous les drapeaux avait affligé
sa sollicitude paternelle.

---

(1) M. Bujon auteur d'un livre apprécié sur la peine de mort.
M. Dupriez, auteur d'une notice sur M. Lucas.

Je ne parlerai pas, bien qu'il y ait mis toute son âme, des productions nombreuses qu'il a consacrées à ce dernier sujet, telles que : *Un vœu de civilisation chrétienne* (1873), *Les deux rêves de Henri IV* (1873), *Le droit de légitime défense dans la pénalité et dans la guerre* (1873), *La conférence internationale de Bruxelles sur les lois et coutumes de la guerre* (1874), enfin son ouvrage plus étendu sur *La civilisation de la guerre* (1881). Quelle que soit la place qu'elles lui ont assignée parmi les hommes si éminents par le talent et par le cœur qui poursuivent la grande réforme humanitaire de la substitution de l'arbitrage aux conflits armés, elles n'occupent qu'une place secondaire dans son œuvre.

Mais je ne serais pas complet si je ne disais quelques mots de ses publications plus nombreuses encore sur la peine de mort. J'en compte près de quarante (1), dont la plupart ont d'abord fait l'objet de lectures à l'Académie. C'est l'histoire de tout le mouvement abolitionniste dans le monde. Elles ne témoignent pas seulement de l'active vigilance de son infatigable impulsion : on y trouve à chaque pas la preuve de son incontestable influence sur les progrès très réels des législations.

Le plus important de ses écrits : *De l'état anormal en France de la répression en matière de crimes capitaux et des moyens d'y remédier* (1885), résume, comme en une sorte de testament, toute sa doctrine. Il y revient sans cesse sur l'idée qui en a toujours fait l'originalité propre : la néces-

---

(1) Notamment *La peine de mort et l'unification pénale* (1874). *Rapport sur le nouveau Code pénal italien* (1874 et 1888). *Enquête sur la peine de mort en France et en Italie* (1888).

sité de l'alliance intime de la réforme pénitentiaire et pénale avec la suppression de l'échafaud. Il n'était point en effet de ces rêveurs dont la pensée s'abstrait dans les chimères, sans vouloir tenir compte des obstacles et des nécessités pratiques. Nul esprit n'était plus pénétré que le sien de la nécessité de maintenir intact l'effroi du châtiment, et il eût renoncé à la réforme plutôt que d'admettre qu'elle pût être réalisée sans substituer une peine d'une rigueur au moins égale, et même d'une vertu d'intimidation supérieure, à son sens, à celle qui devait disparaître.

Un simple remplacement devenait même insuffisant, par l'effet des défaillances de plus en plus nombreuses qui ne faisaient plus de la peine de mort que l'apparence d'une menace. Une refonte entière des lois pénales devenait indispensable.

L'auteur produisait sur ce point les documents statistiques les plus curieux. Non seulement le jury se refusait chaque jour davantage, par un abus systématique des circonstances atténuantes, à permettre l'application de la peine capitale, et en cela la loi même de son institution était méconnue, car de simple juge du fait il se transformait en véritable arbitre de la peine. — Mais, lorsque, par un effort d'énergie de plus en plus rare, il se résignait à laisser à la loi son libre cours, il prenait souvent, par une infraction singulière à ses attributions, l'initiative de réclamer la grâce.

Puis survenait la clémence après condamnation. Elle était devenue à peu près habituelle en Allemagne, en Italie, en Autriche, en Suède. En Russie, curieux détail de mœurs, la mort n'était plus exécutée qu'en matière politique.

Chez nous elle était en fait abolie depuis bien des années pour les femmes ; elle subsistait à peine pour les jeunes condamnés, et pour les autres la commutation de peine atteignait en 188o soixante-quatorze cas sur cent.

En cumulant les grâces résultant des verdicts du jury et celles accordées par le Chef de l'État, on arrivait à cette étrange constatation qu'il n'y avait plus en moyenne que deux exécutions capitales sur cent accusations. « De deux choses l'une : ou il fallait rendre à la peine la condition primitive de la certitude de son exécution ou il fallait l'abolir. »

En tout cas il devenait impérieusement nécessaire de refaire notre échelle pénale. La transportation devenue depuis 1854 le second degré de la peine, était plus propre en effet, avec ses perspectives de travail en plein air, de demi-liberté dans un climat sans hiver et d'adoucissements successifs, allant jusqu'à la concession de terres, à exercer une séduction qu'à détourner du crime. Toutes les conditions d'une répression efficace étaient ainsi bouleversées, au grand péril de la société.

Entre temps l'auteur réclamait avec instance la suppression de la publicité des exécutions capitales.

De ce dernier effort de sa pensée sont nées la formation d'une commission extra-parlementaire chargée par le gouvernement de préparer la réforme de notre code pénal et deux propositions de loi d'initiative privée, l'une pour supprimer la publicité des exécutions capitales, l'autre pour aggraver, en cas de commutation de peine, la peine des travaux forcés à perpétuité. Votées en 1887 par le

Sénat, elles sont malheureusement attardées depuis cette époque devant l'autre Chambre par les lenteurs de la machine parlementaire.

Le succès avait été plus complet à l'étranger.

L'abolition y était établie non plus en fait mais en droit, en Toscane depuis 1853, en Roumanie depuis 1845, en Portugal (1867), en Saxe (1868), en Hollande (1870). Le parlement de l'Allemagne unifiée la votait par deux fois en 1870, et ce n'était qu'à une majorité de huit voix que la réforme se trouvait rejetée en troisième lecture. Enfin l'Italie après une lutte de près de dix années, où l'autorité du nom en qui s'identifiait surtout l'idée abolitionniste fut sans cesse invoquée, supprimait l'échafaud de son nouveau code pénal.

Ce fut une grande consolation pour Ch. Lucas d'avoir assez vécu pour voir cette éclatante consécration de ses idées. Il pouvait désormais avec confiance laisser à d'autres la tâche d'en assurer le définitif triomphe.

La juste estime de tant de travaux avait accumulé sur leur auteur les plus rares distinctions.

Décorations étrangères (1), cadeaux de souverains (2), adresses des principaux corps savants de l'Europe, aucune satisfaction ne lui avait manqué.

---

(1) Chevalier de Saint Grégoire le Grand et des Saints Maurice et Lazare de Sardaigne, commandeur de la Couronne d'Italie, commandeur de la Légion d'honneur.

(2) Médaille d'or décernée par le roi de Sardaigne (1839); médaille d'or donnée par le roi de Prusse (1842); bague en brillants envoyée par l'empereur d'Autriche (1840).

Il était à la fois membre honoraire de l'Association Howard et de l'Athénée de Brescia, correspondant de l'Institut national pour l'avancement des sciences de Washington, membre de l'Académie des sciences de Lisbonne, de la Royale Académie de jurisprudence et de législation de Madrid, de la Société des jurisconsultes de Berlin et docteur *honoris causâ* de l'Université de Bologne.

En France il était appelé par la Commission d'enquête pénitentiaire de l'Assemblée nationale à prendre part à ses travaux (1871), la Société générale des prisons, fondée avec le concours des hommes les plus considérables sous le patronage de M. Dufaure, l'invitait à présider sa séance d'installation comme le doyen et le patriarche de la science pénitentiaire. Il était nommé membre du Conseil supérieur des prisons.

Mais de toutes ces distinctions, celle à laquelle il fut le plus sensible et dont il se sentit en même temps le plus honoré fut la touchante cérémonie dans laquelle votre Académie voulut fêter le cinquantenaire de son élection en lui offrant une médaille frappée à son image. Ce fut la dernière joie de sa vie de faire imprimer et de distribuer à ses amis les discours prononcés à cette occasion ici et dans le sein de la Société générale des prisons.

Après tant d'honneurs, tant de travaux et de service, sa vieillesse respectée pouvait attendre la mort avec sérénité, assurée de laisser aux hommes l'estime de sa vie, aux siens le culte attendri de sa mémoire, et pénétrée de la douce certitude que son nom serait dignement porté après lui.

Il s'éteignit doucement dans sa quatre-vingt-septième année.

La simplicité populaire a souvent des jugements d'une saisissante vérité. La vue de ce vieillard si noblement résigné dans son infortune qui depuis tant d'années passait triste et bienveillant au bras d'un guide n'avait pas manqué de frapper l'attention du voisinage ; on s'était enquis de sa vie, on avait su qu'elle avait été vouée tout entière à la justice et à l'humanité. « C'est un juste ! » disait-on en le montrant avec respect.

Est-il un plus bel éloge à déposer sur la tombe d'un homme de bien ?

Paris. — Typ. Firmin-Didot et Cⁱᵉ, impr. de l'Institut, rue Jacob, 56. — 29460.